SUR LE PRIX DU PAPIER

DANS L'ANTIQUITÉ.

LETTRE DE M. EGGER,

MEMBRE DE L'INSTITUT,

A M. AMBROISE-FIRMIN DIDOT,

ET

RÉPONSE DE M. A. FIRMIN DIDOT

A M. EGGER.

(Extrait de la Revue Contemporaine du 15 septembre 1856.)

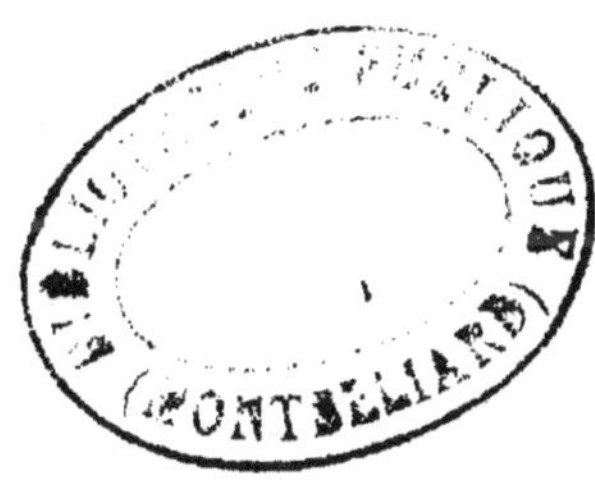

PARIS

IMPRIMERIE DE DUBUISSON ET Cᵉ,

Rue Coq-Héron, 5.

1857

DE

LA CHERTÉ DU PAPIER

AU TEMPS DE PÉRICLÈS.

———

Lettre à Monsieur Ambroise-Firmin Didot.

L'intérêt que vous portez si justement, Monsieur, à tout ce qui concerne l'histoire de l'imprimerie et du commerce des livres, intérêt dont vous donnez chaque jour au public de nouveaux témoignages, m'engage à vous signaler un document encore trop peu connu, à ce qu'il me semble, et tout à fait digne de votre attention. On a découvert en 1836, et M. Rangabé a reproduit, en 1842, dans le tome Ier de ses *Antiquités helléniques* (n°s 56-59), les fragments gravés sur marbre d'un inventaire des dépenses faites par les Athéniens, l'an 407 avant Jésus-Christ, pour la construction d'un des chefs-d'œuvre qui ornaient l'Acropole, le temple d'Erechthée [1]. Dans l'un de ces fragments on trouve mentionnées, sous la date de la huitième prytanie, *deux planches, sur lesquelles*, dit le secrétaire rédacteur, *nous rédigeons les comptes ;* puis, sous la date de la neuvième prytanie : 1° « deux feuilles de papier sur lesquelles nous avons écrit les copies ; » 2° « quatre

---

[1] Rangabé, *Antiq. hellén.*, n° 57 (vol. I, p. 52), col. 1, l. xxx : Σανίδες δύο ἐς ἅς τὸν λόγον ἀ[ν]αγράφομεν δραχμῆς ἑκατέραν ⊢⊢. Col. 2, l. xxx : Χάρται ἐωνήθησαν (δύο ἐς ἅ sic) τὰ ἀντίγραφα ἐνεγράψαμεν ⊢⊢ IIII. σανίδες τέτταρες ⊢⊢⊢⊢.

planches. » Pour chacune des planches, le prix marqué est d'une drachme
(90 cent. de notre monnaie) ; pour chacune des feuilles de papier, le prix
est d'une drachme et deux oboles, ou 1 fr. 20 c. M. Rangabé, qui, d'ailleurs a commenté toute cette précieuse inscription avec beaucoup de
savoir et de critique, suppose ici que les feuilles de papier servaient à
recouvrir les planches de bois. Mais comment cette circonstance eût-elle
été omise dans un compte où l'on a pris soin de marquer avec précision
la destination de chacun des objets achetés? Il est donc plus probable,
j'oserais dire il est certain que les deux feuilles achetées durant la neuvième
prytanie étaient destinées à recopier les comptes de la huitième, d'abord
écrits sur les deux planches, dont l'achat est porté au compte de cette
prytanie. Le mot *antigrapha*, ou copies, dont se sert le rédacteur, ne
laisse pas de doutes à cet égard.

Ainsi les comptes officiels, ce que les Grecs appelaient ἀναγραφαί, des
dépenses faites pour l'Erechthéion, se lisaient jadis sur les trois matières
différentes :

1° Il y en avait une première rédaction sur des tablettes de bois; c'en
était apparemment le relevé journalier et comme le brouillon. On peut conjecturer que ces tablettes étaient enduites de cire, usage attesté, pour le
siècle même auquel appartient ce document, par bien des preuves, et
entre autres, par une plaisanterie d'Aristophane [1]. On peut conjecturer
aussi que les planchettes étaient simplement polies pour recevoir l'écriture
à l'encre. Il s'est conservé quelques débris de ce genre, et l'on en peut
voir un dans les vitrines de notre musée égyptien du Louvre. Mon savant
confrère, M. Reinaud, me fait observer que, de notre temps encore dans
les écoles arabes, on emploie ainsi des tablettes de bois pour y transcrire
la leçon des écoliers. On sait enfin que l'*album*, qui, chez les Romains,
servait de registre, soit pour les annales des pontifes, soit pour les listes
de magistrats, se composait aussi de planches de bois blanchies à l'effet de
recevoir l'écriture.

2° Il y avait ensuite une copie sur *charta* (vous noterez en passant que
c'est là de beaucoup le plus ancien texte où nous trouvions ce mot), c'est-
à-dire, sans doute, sur papier de papyrus; car, à cette date, rien ne laisse
croire que les Athéniens se servissent pour écrire de ces peaux plus ou
moins grossièrement préparées, dont Hérodote et Ctésias attestent l'usage

---

[1] STREPSIADE. As-tu vu, chez les marchands droguistes, cette pierre brillante et
diaphane avec laquelle on allume le feu?

SOCRATE. Tu veux dire du cristal?

STREPSIADE. Précisément. Eh bien! si je prenais ce cristal lorsque le greffier
écrirait la condamnation, et si, me tenant au-dessus et me tournant vers le
soleil, je faisais fondre toutes les lettres du jugement?

SOCRATE. Par les Grâces! cela est très bien trouvé.

(*Les Nuées*, v. 768-772.)

chez les peuples de l'Asie ; et, d'autre part, la fabrication du parchemin proprement dit, ou *charta pergamena*, ne date que du règne des Attales.

3° Il y avait enfin l'exemplaire sur beau marbre pentélique, dont quelques plaques ont été heureusement retrouvées parmi les ruines de l'Acropole.

D'ailleurs, le caractère même du document que je viens de signaler ne permet pas d'admettre que l'emploi des planches de bois en guise de papier fût alors une exception et un accident. Au contraire, les planches paraissent suppléer régulièrement le papier, et cela, à cause de leur moindre prix, puisque chaque planche coûte 30 cent. de moins qu'une feuille en papyrus. Aujourd'hui, assurément, le rapport de ces deux matières serait inverse, et c'est la planche de bois qui coûterait beaucoup plus cher que le papier. Mais voici une autre observation qui mérite de nous arrêter quelques instants. D'après des calculs fort exacts de M. A. Boeckh (*Economie politique des Athéniens*, liv. I, c. **20**), une famille de quatre personnes adultes pouvait vivre à Athènes, au temps de Socrate, avec **500** fr. environ par an, soit **125** fr. par an et par personne ; c'est-à-dire que, de ce temps, le rapport entre l'argent et les choses vénales était au moins quadruple de ce qu'il est aujourd'hui, même dans une petite ville de notre Occident. Par conséquent, la planche de bois, achetée en **407** avant Jésus-Christ par l'entrepreneur des travaux de l'Erechthéion, représente réellement, en valeur monnayée de notre siècle et de notre pays, 3 fr. 60 c., et la feuille de papier représente 4 fr. 80 c. Si l'on songe maintenant que les deux planches valant ensemble 7 fr. 20 c., et les deux feuilles valant ensemble 9 fr. 60 c., répondent seulement aux comptes d'une prytanie, c'est-à-dire de 36 à 37 jours, comptes dont l'étendue matérielle peut être appréciée encore, d'une façon assez exacte, d'après les débris de l'exemplaire sur marbre, si l'on songe que le dixième des écritures d'une année n'exigeait pas un rôle considérable et pouvait tenir sur deux ou trois pages in-quarto, de ces réflexions, il sera facile de conclure combien étaient coûteuses encore les matières sur lesquelles écrivaient les Athéniens à l'époque la plus brillante de leur civilisation et de leur littérature. On comprend ainsi que les bibliothèques fussent très rares alors dans Athènes, et qu'un collectionneur de livres méritât d'y être signalé pour cette passion peu commune, comme cela se voit quelque part dans le *Banquet* de Xénophon.

A cet égard, toutefois, une objection doit être écartée. M. Boeckh, après avoir soigneusement relevé le document qui nous occupe, dans la seconde édition de son *Economie politique des Athéniens* (liv. I, c. **19**), en conclut, comme nous, l'extrême cherté du papier au siècle de Périclès ; mais il remarque que pourtant les ouvrages d'Anaxagore coûtaient seulement une drachme (soit 3 fr. 60 c., le prix d'un gros volume in-12 dans votre collection des Classiques français), et il cite en preuve un passage de l'*Apologie de Socrate*, (p. 26, éd. H. Est.), par Platon. Or ici, l'éminent philologue (à qui n'échappe-t-il pas quelquefois une inadvertance de ce genre ?) cite évidemment de mémoire et sans vérifier le texte original En effet, le passage indiqué fait seulement dire à Socrate que ceux qui veulent apprendre la philosophie d'Anaxagore n'ont qu'à l'aller écouter pour une drachme, à l'orchestre, c'est-à-dire au théâtre où brillait alors Euripide, disciple du célèbre philosophe, et habitué à mettre souvent les doctrines de son maître dans les chœurs de ses tragédies. Le texte de Platon témoigne donc, non pas du prix d'un volume, mais du prix d'une place au théâtre, et il reste démontré, ce me semble, que le papier sur lequel écrivaient tant d'immortels génies était d'une cherté sans proportion avec la valeur de notre papier d'aujourd'hui. Compensait-il alors ce prix exorbitant par des qualités particulières? C'est à vous, Monsieur, de le dire, avec votre autorité d'éminent industriel et d'érudit. Je sens qu'il y aurait à faire là-dessus bien des recherches et des conjectures qui dépassent ma compétence, et j'ai hâte de finir, en vous renouvelant l'expression de mon affectueux dévouement.

E. EGGER.

DE LA FABRICATION

ET

DU PRIX DU PAPIER DANS L'ANTIQUITÉ.

A Monsieur Egger, membre de l'Institut.

Monsieur et honorable ami,

Parmi les documents que j'ai déjà recueillis pour une *Histoire du papier depuis l'antiquité jusqu'à nos jours*, l'inscription monumentale, récemment découverte à Athènes, que vous voulez bien me communiquer, sera l'un des plus précieux, puisqu'il constate le prix que coûtait, au temps de Périclès, une feuille de papier (χάρτης). Ce prix de une drachme et deux oboles, qui, d'après vos calculs, équivaudrait à la somme de 4 fr. 80 c., valeur actuelle, correspond précisément au prix que vaut aujourd'hui une feuille de peau *vélin* (4 fr. 50 c. à 5 fr.).

Cette inscription, qui nous donne le compte, gravé sur marbre, des dépenses de la construction du temple d'Erechthée, pendant la dixième année, nous apprend de plus que ce compte était écrit en double, sur des feuilles de papier et sur des planches en bois. D'après le prix fixé pour les unes et pour les autres, il résulte que la feuille de papier valait alors un quart de plus qu'une planche ou feuille de bois, puisque chaque planche coûtait 3 fr. 60 c. et chaque feuille de papier 4 fr. 80 c. Ce rapport, comme vous le remarquez, serait aujourd'hui inverse ; en effet, une feuille de papier ne vaudrait maintenant que le vingtième d'une feuille de bois.

Le prix de la feuille de papier étant constaté par cette inscription, il reste à connaître quelle était la nature de cette feuille, sa dimension, sa qualité et sa fabrication ; je me bornerai à quelques aperçus, puisque vous voulez bien appeler mon attention sur ce sujet.

Comme vous, je crois incontestable que le mot χάρτης, *charta*, que porte l'inscription, mot qui paraît pour la première fois sur un monument d'une époque aussi reculée, et qui se retrouve aussi dans un fragment de Platon le comique dont les pièces étaient jouées vers le même temps (430 avant Jésus-Christ[1]), ne saurait s'appliquer qu'au *papier* fait avec le *papyrus*. En effet, l'emploi du papyrus, pour l'écriture, remonte à la plus haute antiquité dans l'Egypte et même en Asie et en Europe ; c'est ce que constatent les traditions les plus anciennes, quand même on n'admettrait pas comme avérés les faits rapportés par Pline, tels que la lettre écrite sur papyrus par Sarpédon au temps de la guerre de Troie, dont l'original fut montré en Lycie au consul Mutianus ; la découverte faite à Rome sur le Janicule, 535 ans après la mort de Numa, de ses livres écrits sur papier ; l'histoire des livres Sibyllins détruits sous Tarquin, etc.

L'antique renommée dont jouissaient dans les pays étrangers les feuilles qui provenaient du papyrus, et qui *servaient à écrire les livres*, est attestée par le disciple d'Aristote, Théophraste, qui a décrit les divers usages de cette plante[2], et par Dioscoride qui dit également que c'est avec le papyrus, *si connu de tous*, que le papier χάρτης est confectionné[3]. Son usage immémorial en Egypte est constaté par l'inépuisable quantité de manuscrits en langue démotique et hiératique que recèlent les nombreux hypogées de la haute et de la basse Egypte[4], et par les manuscrits grecs qu'on y découvre aussi très fréquemment, et qui, bien que plus récents, remontent cependant jusqu'à 250 ans avant Jésus-Christ.

Le papyrus, appelé par les Grecs βίβλος (*biblos*), d'où le mot *bible* (le LIVRE par excellence), fut donc appliqué de tout temps au papier désigné par le nom de χάρτης, de même que c'était par les mots διφθέραι et δέρρεις qu'on distinguait les peaux d'animaux sur lesquelles, selon Hérodote, Ctésias et Diodore de Sicile, les Ioniens et les Perses écrivaient dans l'anti-

---

[1] *Fragments des Poètes comiques*, éd. A. F. Didot, 1855, p. 257, fragment 11.

[2] *Histoire des Plantes*, liv. IV, chap. VIII, 4.

[3] Dioscoride, I, 115. — Ce mot χάρτης était connu aussi des Stoïciens, qui prétendaient que « l'homme apporte en naissant une âme qui est comme un papier (χάρτης) disposé pour écrire, et sur lequel chacune de nos pensées vient s'inscrire. » (Plut., *de Placitis philos.*, IV, § 11.)

[4] Champollion affirme que, parmi les papyrus que possède le musée de Turin, il en est qui remontent jusqu'à 1730 années avant Jésus-Christ.

quité. Quand, plus tard, les Ptolémées, maîtres de l'Egypte, interdirent, par une rivalité de bibliophiles, l'exportation du papyrus, afin d'en priver les rois de *Pergame*, dont les bibliothèques menaçaient de surpasser en richesses celles d'Alexandrie, et qu'Eumène et Attale, forcés de recourir à l'usage des peaux, en perfectionnèrent la préparation et en transmirent l'usage aux Romains, les mots *pergamenum* et *membrana* remplacèrent les anciennes dénominations consacrées aux peaux, tandis que le seul mot χάρτης, *charta*, resta toujours appliqué à la feuille de papier, par opposition aux autres mots διφθέραι, δέρρεις, περγαμηνὸν, βεμβράνη (*membrana*), qui de tout temps ont servi à désigner les feuilles en peau d'animaux.

Athènes, par ses fréquents rapports avec l'Egypte, dut connaître dès longtemps l'usage du papyrus, et l'employer pour les actes publics et privés, et pour les écrits de ses historiens, de ses savants et de ses poètes, préférablement aux écorces d'arbre ou aux copeaux de bois dont se servaient les peuples moins civilisés, et qu'on n'employait à Athènes que dans les écoles et pour les écrits de petite dimension ou d'une durée éphémère[1], de même que les tessons de poterie servaient aux percepteurs pour y inscrire leurs reçus d'impositions.

L'inscription ne nous indique pas quelles dimensions pouvait avoir la feuille de papier dont il s'agit, et je ne trouve aucun renseignement dans les auteurs grecs sur la dimension des feuilles du papier fait avec le papyrus; mais les manuscrits d'Herculanum, et les feuilles que nous possédons dans nos musées, nous fournissent, en nature, de nombreux exemples qui la constatent. On a même remarqué que les manuscrits grecs trouvés à Herculanum n'ont que six à neuf pouces de haut, tandis que les manuscrits latins ont de neuf pouces à un pied de hauteur, ce qui s'accorde avec ce que nous dit Pline, qui entre dans de très grands détails sur la fabrication du papier fait avec la tige du papyrus. Selon lui, « les belles sortes de papier n'avaient pas plus de treize doigts de largeur (environ treize de nos pouces, 36 c. 50 mill.) ; mais leur longueur fut agrandie au temps de Claude, en sorte que les *macrocolles*, les grandes feuilles, avaient jusqu'à une coudée de hauteur (un peu moins d'un pied et demi, soit 50 centimètres), » ce qui répond à peu près aux dimensions du papier connu aujourd'hui sous le nom de *couronne*, et dont la rame (les cinq cents feuilles), coûte environ cinq francs, en sorte que, de nos jours, une feuille de papier de dimension

---

[1] Je lis, dans une des lettres écrites par saint Jérôme à Nicias, qu'on donnait le nom de *tabellarii*, d'où notre mot *tabellion*, à ceux qui se servaient de planchettes ou copeaux de bois pour écrire, et le nom de *librarii* à ceux qui faisaient usage de l'écorce des arbres (*liber*). « Nam et rudes illi Italiæ homines, quos Cascos Ennius appellat, qui sibi (ut in Rhetoricis Cicero ait), ritu ferino victum quærebant, ante chartæ et membranarum usum, aut in dedolatis e ligno codicillis, aut in corticibus arborum, mutuo Epistolarum alloquia mussitabant. Unde et portitores earum tabellarios et scriptores a libris arborum librarios vocavere. » Epist. VIII, p. 15, deuxième partie, t. IV *Operum* (ed. *Martineau*, 1606).

égale à celle dont il s'agit coûterait *cinq cents* fois moins cher qu'au temps de Périclès.

Jusqu'à l'époque du grand développement de la civilisation qui fut le résultat du contact de Rome avec la Grèce, le papier se maintint à un prix élevé ; son exportation, bornée presque entièrement à Athènes et à ses colonies ioniennes, était presque nulle chez les autres peuples de la Grèce, tels que les Spartiates, les Béotiens, les Acarnanes, qui, comme on le sait, écrivaient et lisaient fort peu. Cependant les Phéniciens, ces inventeurs de l'*Écriture* [1], dont le commerce s'étendait dans le monde entier connu des anciens, devaient, ainsi que les Tyriens, importer d'Egypte une quantité considérable de papier à écrire pour les besoins de leur correspondance et de leur comptabilité, et surtout de cette sorte de papier que Pline désigne sous le nom d'*emporetica*, destiné à envelopper les marchandises. La difficulté du transport par terre ne permet pas de supposer que les Phéniciens et les Tyriens, peuples maritimes, aient jamais fait un grand emploi du papier qu'on fabriquait aussi à Babylone avec le papyrus qui croissait dans les eaux de l'Euphrate [2]. Le renseignement que nous a transmis Pline sur ce papier *asiatique* est jusqu'à présent le seul que nous ait transmis l'antiquité, et cette fabrication, toute récente à l'époque où il écrivait, semble avoir été très limitée, puisqu'il nous dit que les Parthes n'avaient pas renoncé à l'usage de se servir de leurs vêtements pour y broder ce qu'ils voulaient *écrire*. Les fouilles, et les voyages scientifiques faits maintenant dans ces contrées, en nous faisant mieux connaître l'état de la civilisation asiatique, confirmeront peut-être, par quelque document nouveau, l'assertion de Pline.

La difficulté de la fabrication du papier, sa rareté, et le prix élevé qu'il coûtait, devaient être un grand obstacle aux relations sociales, et nous expliquent la modération, si rare de nos jours, qu'apportait l'administration d'Athènes sous Périclès, dans l'emploi du papier, puisqu'on voit réduite à deux feuilles seulement la comptabilité des dépenses occasionnées par la construction du temple d'Erechthée dans l'Acropole pendant une prytanie [3].

Cette cherté, principal obstacle à la reproduction des chefs-d'œuvre littéraires, tels par exemple, que les écrits volumineux d'Hippocrate, de Platon, d'Aristote, rendait, comme vous le faites observer, les bibliothèques rares et peu considérables à Athènes, puisque l'acquisition

---

[1] Voyez, sur l'ancienneté de l'Ecriture et sur le papyrus, le mémoire de M. Dureau de La Malle inséré au tome IX de la seconde série des *Mémoires de l'Académie des Inscriptions.*

[2] « Nuper et in Euphrate nascens circa Babylonem papyrum intellectum est eumdem usum habere chartæ, et tamen adhuc malunt Parthi vestibus litteras intexere. » (Pl., liv. xiii, 22.)

[3] La durée d'une prytanie était de trente-cinq jours.

des livres n'était possible qu'à ceux auxquels la richesse ou la passion permettait de ne pas calculer la dépense. En effet, on sait que Platon fit acheter trois traités du pythagoricien Philolaüs *cent mines* ou 9,000 fr. [1], et qu'Aristote avait donné, pour un petit nombre de volumes qui avaient appartenu à Speusippe, disciple de Platon, *trois talents* (plus de 16,000 fr.) [2].

Aussi l'intérêt que portaient les Athéniens aux livres et à tout ce qui pouvait contribuer à leur conservation nous est-il attesté par le témoignage public qu'ils en donnèrent à un certain Philtatius auquel ils élevèrent une statue pour leur avoir enseigné l'art de l'encollage, soit que ce Philtatius ne fût qu'un simple relieur, soit plutôt qu'il fût un inventeur de quelque procédé pour mieux coller le papier [3].

Dans l'origine, le papier de papyrus dut avoir peu de consistance, et probablement n'était pas collé ou l'était imparfaitement, en sorte que l'encre pénétrait facilement la feuille. Pline le Jeune s'excuse de ne point écrire à son ami, attendu que la nature du papier qu'il pourrait se procurer à la campagne *boit* tellement que ce qu'il écrirait deviendrait illisible [4]. Pour remédier à ce grave inconvénient, la préparation du papier reçut successivement d'importantes améliorations.

L'encollage du papier était et est encore de nos jours une des opérations les plus importantes de sa fabrication. Il donnait aux fibres du papyrus une solidité dont est naturellement dépourvu le tissu fort lâche de ce roseau, et rendait imperméable à l'écriture [5] la réunion des deux feuilles de papyrus dont la *superposition* constituait la feuille de papier.

Cette application sur une feuille de papyrus (où toujours les fibres perpendiculaires ont le plus de consistance) d'une autre feuille placée *transversalement* au sens de la première, produit une telle illusion que lorsqu'on examine dans les vitrines du Louvre les manuscrits, même les plus anciens,

---

[1] Diogène Laërce, liv. III, 9, *Vie de Platon*, dit que Platon écrivit à Dion de lui faire cette acquisition, et dans un autre endroit, qu'elle fut réalisée. (Liv. VIII, 85, *Vie de Philolaüs*.)

[2] Diogène Laërce, liv. IV, 5, *Vie de Speusippe*.

[3] Voici le passage d'Olympiodore conservé par Photius (Cod. LXXX, p. 61, éd. *Bekk*) :

« On désirait beaucoup, à Athènes, connaître le moyen de bien coller les livres, et on se livrait à des recherches, lorsque Philtatius, dont le savoir littéraire est bien connu, enseigna aux Athéniens le degré d'encollage convenable. Ceux-ci, par reconnaissance, lui élevèrent une statue. »

Olympiodore, ami de Philtatius, vivait au IVe siècle après Jésus-Christ.

[4] Pline, liv. VIII, 15, 2.

[5] « Le papier, dit saint Nil dans son Epître à Philippe le Scholastique, n° 264, est formé de papyrus et de colle : » ἐκ παπύρου καὶ κόλλης χάρτης κατασκευασθείς ; éd. *Possin*. Paris, 1657.

Pline entre dans de grands détails sur les soins que l'on prenait à Rome pour perfectionner l'encollage des papiers venant d'Egypte.

on croit y reconnaître une *chaine* et une *trame* semblables à celles que présentent les autres étoffes de lin sur lesquelles les Egyptiens écrivaient presque aussi fréquemment que sur le papyrus. C'est ce procédé que Porphyre a si bien résumé par l'expression : ἐξυφασμένην πάπυρον εἰς βίϐλους [1], *du papyrus* tissu *en papier à écrire*, ou *pour livres*. L'amidon, converti en colle au moyen d'un peu de vinaigre, agglutinait donc, pour n'en former qu'une seule, ces deux feuilles de papyrus superposées de manière à imiter un tissu d'étoffe.

Depuis vingt ans seulement, l'ancien procédé des Egyptiens, *le collage végétal*, après avoir reçu de grands perfectionnements, a été remis en pratique comme une invention ; son usage, devenu général, a remplacé presque entièrement *l'encollage à la colle animale*, qui date de l'origine de la fabrication, en Europe, du papier fait à la main avec la pâte provenant des chiffons [2].

La civilisation, en s'étendant avec les conquêtes de Rome, devenue lettrée, accrut considérablement en Egypte la culture du papyrus, et sa transformation en papier en fit un des principaux objets de son commerce extérieur ; mais, indépendamment de cet avantage, cette plante rendait au pays de nombreux services. Ses racines, dit Pline, servaient aux habitants, sois comme bois à brûler, soit pour faire des ustensiles de ménage ; de sa tige ils formaient des nacelles ; de l'écorce extérieure, des voiles, des toitures de maison, même des habits, des couvertures et des cordes ; ils mâchaient le papyrus soit cru, soit bouilli, et en avalaient le jus. Théophraste dit même qu'on le mangeait cru, bouilli ou grillé [3], ce que confirme Dioscoride. Son usage comme nourriture paraît même être devenu assez général pour que les Egyptiens aient été appelés *mangeurs de papyrus* [4].

Mais comment ce roseau, qui offrait de tels avantages à l'Egypte, a-t-il disparu complétement de son sol ? Du moins, je n'en ai pu découvrir une seule tige dans le Delta de l'Egypte, ni sur la *branche* de Rosette, ni sur celle de Damiette. C'est seulement en Sicile, à la fontaine Cyanée, que j'ai vu quelques bouquets de cette belle plante.

---

[1] Porphyre ap. Euseb. *Præp. Evang.*, p. 98. A.

[2] La fibre qui constitue le papier a généralement moins de solidité en Angleterre qu'en France, où les chiffons sont de meilleure qualité ; aussi l'ancien procédé du collage à la colle animale ou *gélatine* s'est maintenu en Angleterre de préférence à la colle végétale. Il est vrai de dire que le collage végétal y réussit généralement moins bien qu'en France ; ce qui tient probablement à la qualité des eaux qui coulent sur un sol granitique, phénomène que la chimie peut expliquer et qui se reproduit également dans quelques contrées de la France. D'après ce que dit Pline, il paraîtrait que l'eau du Nil, surtout lorsque le fleuve était chargé de limon, devenait très favorable à l'encollage.

[3] *Histoire des Plantes*, liv. IV, 8.

[4] Παπυροφάγοι οἱ Αἰγύπτιοι. Schol. d'Eschyle, sur *les Suppliantes*, v. 768.

Pour preuve de l'extension qu'avait prise la culture du papyrus et la fabrication du papier en Egypte, je me bornerai à un seul témoignage, peu connu, je crois : l'historien Vopiscus nous apprend que le tyran Firmus (ce riche marchand de Séleucie dont le palais avait ses fenêtres en *verre*), se vantait, lors de sa révolte contre Aurélien, 274 ans après Jésus-Christ, d'avoir tant de papier qu'il pourrait nourrir son armée avec le papyrus et la colle ou gluten contenus dans ses magasins [1] !

Cette importance de la fabrication du papier de papyrus, en Egypte, est attestée par d'autres documents. « Dans la riche et opulente ville d'Alexandrie, dit une lettre d'Hadrien citée par Vopiscus [2], nul ne demeure oisif : les uns soufflent le verre, les autres confectionnent le papier. » Ailleurs, le même historien [3] nous apprend « qu'Aurélien imposa aux Egyptiens un tribut perpétuel en *papier* et en *verre*. »

Au sujet de cette fabrication du verre et du papier, objets d'une si grande importance et d'un prix si élevé, dont le commerce enrichissait l'Egypte, je crois devoir rappeler que l'utilité et l'importance de ces mêmes objets frappèrent à un tel point l'attention de nos rois qu'ils crurent devoir anoblir les deux professions de verrier et de papetier, et que, jusqu'à la fin du siècle dernier, les ouvriers attachés aux verreries et aux papeteries étaient les seuls qui eussent le droit de porter l'épée et le titre de gentilshommes *papetiers* et *verriers* [4].

Cette intéressante fabrication du papier, dont les produits se rattachent intimement aux œuvres de l'esprit, à la *circulation des idées*, et aux services de l'administration, a toujours été en France l'objet d'une prédilection toute spéciale. Si quelquefois de timides essais pour imposer un produit auquel tant de services éminents et tant d'industries se rattachent, ont été tentés par le fisc, ils ont été aussitôt abandonnés devant les manifestations de l'opinion publique, à qui cet impôt est aussi antipathique que

---

[1] Vopiscus, *Vie de Firmus*, § 3. « De ejus (Firmi) divitiis multa dicuntur, nam et vitreis quadratis bitumine aliisque medicamentis insertis domum induxisse perhibetur ; et tantum habuisse *de chartis*, ut publice sæpe diceret, exercitum se alere posse PAPYRO et GLUTINO. »
Les commentateurs ne sont pas d'accord sur le sens des mots *alere exercitum* dont s'est servi Vopiscus. Est-ce *nourrir son armée* avec le papyrus ou le gluten, ou bien *entretenir* cette armée avec le produit de la vente du papyrus et de la colle ? Je crois, d'après l'usage qu'avaient les Egyptiens de se nourrir de papyrus, que Firmus a voulu dire qu'en cas de siége son armée ne serait pas affamée tant qu'elle aurait à manger le papyrus et le gluten (fait avec l'amidon ou fleur de farine), qu'il possédait dans ses magasins.

[2] *Vie du tyran Saturnin*, § 8.

[3] *Vie d'Aurélien*, § 44.

[4] Nous avons vu de nos jours élever à la pairie M. Canson, cet honorable manufacturier si connu par les progrès que lui doit la fabrication du papier, surtout son *encollage*. C'est la fabrication du papier qui donna au célèbre Montgolfier l'idée des aérostats.

l'ont été de tout temps les entraves à la libre *circulation de la voie publique.*

« Sans le papier, *la civilisation* et la mémoire du passé périraient, » a dit Pline : *Quum chartæ maxime usu* humanitas vitæ *constet et memoria* [1].

Sous Tibère, le papier était devenu tellement indispensable aux besoins de la vie, que, la disette s'en étant fait sentir, les relations sociales furent troublées au point qu'une commission de sénateurs dut être nommée pour en opérer la répartition [2]. C'est ainsi que dans notre grande révolution les moulins à papier furent mis en réquisition pour suffire à d'urgentes nécessités et à la fabrication des assignats. La présence de soldats même fut jugée nécessaire pour maîtriser l'esprit indocile des ouvriers papetiers dans la fabrique de Montargis, qui prit alors une grande extension.

Mais comme il arrive toujours en industrie, surtout lorsque la matière première peut être obtenue à peu de frais et en abondance, l'extension du commerce de l'Egypte avec Rome et la grande consommation du papier durent, en accroissant sa fabrication, diminuer sa valeur. J'en crois voir la preuve dans les épigrammes de Martial où le prix fixé aux diverses parties dont l'ensemble compose son recueil, permet, jusqu'à un certain point, de conjecturer quel était alors à Rome celui du papier. La modicité des prix indiqués est telle qu'on ne peut supposer que ces livres fussent écrits sur parchemin. C'était, d'ailleurs, sur papyrus que les Gracques, Cicéron, Auguste et Virgile écrivaient [3], et très probablement sur le papier dit *cornélien*, du nom de l'ami de Virgile, le poète Cornélius Gallus, protecteur des lettres, qui, lorsqu'il était gouverneur de l'Egypte, perfectionna tellement la préparation d'une sorte de papier, que le nom de *cornélien* lui fut donné pour le distinguer de tous les autres [4].

Martial nous apprend donc qu'un certain Lupercus, ne voulant pas acheter son premier livre d'*Epigrammes* qui venait de paraître, le lui demande à emprunter, — et Martial, ainsi qu'il est d'usage en pareille circonstance, le renvoie à son libraire en lui disant :

« Il est inutile de donner tant de peine à votre esclave pour venir chez moi chercher ce petit livre ; la distance qui nous sépare est grande, et je loge

---

[1] Liv. xiii, 21, 1. L'expression *humanitas vitæ* qui, je crois, a été employée pour la première fois par Pline, me semble traduite convenablement par le mot *civilisation* qui, lui-même, est un mot nouveau, et ne figure point dans les anciens dictionnaires de l'Académie. On ne l'y voit paraître que dans l'édition qui fut publiée par décret en l'an III, mais sans la sanction de l'Académie.

[2] *Factumque jam Tiberio principe inopia chartæ, ut e senatu darentur arbitri dispensandæ : alias in tumultu vita erat.* (Plin., *Hist. nat.*, xiii, 27.)

[3] Pline, xiii, 26.

[4] Isidore de Séville. *Origines*, liv. vi, c. x, § 5. Ed. Otto, coll. Lindemann.

au troisième étage dans une maison dont les étages sont très hauts. Pourquoi donc chercher si loin ce qu'on a près de soi? Vous habitez l'Argilète, et tout près de vous, au Forum de César,[1] est une boutique dont la devanture, toute couverte de titres de livres, permet de lire, d'un coup d'œil, le nom de tous les poètes. Demandez-moi donc en vous adressant au libraire Atrectus, et il vous tirera du premier ou du second casier un Martial, qu'il vous offrira bien poli à la pierre ponce et coloré en pourpre, *au prix de cinq deniers* (un peu moins de cinq francs). — Je ne vaux pas ce prix, direz-vous? — Ma foi, vous avez raison, Lupercus. » (ı, *Epigr.* 118.)

Une autre épigramme de Martial nous donne également le prix de l'un de ses autres livres, et nous apprend que la *remise* en fait de librairie pouvait être de cent pour cent, comme elle l'est encore de nos jours pour la musique. Il nous dit, au sujet du treizième livre de ses *Epigrammes*, qu'il avait intitulé *Xenia* (cadeaux ou étrennes) :

« Ce tout petit livre, qui contient un recueil d'étrennes, te coûtera quatre pièces, *nummi* (environ 1 fr.). — Quatre pièces ! c'est trop, diras-tu? — Deux en effet pourraient suffire, et encore le libraire Tryphon y aurait un beau bénéfice. »

Ce livre ne forme en effet que 14 pages dans l'édition des Alde, et si l'on déduit la remise de cent pour cent, sa fabrication n'aurait coûté que 50 centimes. Le prix de *un franc* fixé pour le public était donc un peu moins élevé que ne l'était comparativement celui du premier livre des *Epigrammes*, dont le prix *pour le public* était de près de cinq francs, bien qu'il fût moins gros d'un cinquième (il a 56 pages dans l'édition d'Alde); de plus il était poli à la pierre ponce et coloré en pourpre, luxe dont on ne dit pas que fût pourvu le treizième livre de Martial dans l'exemplaire en question.

Un passage curieux d'Isidore [2] nous apprend que chez les profanes la dimension des livres était déterminée par la nature même des écrits; ainsi les *lettres* et les *poésies* s'écrivaient dans un petit format, tandis que le grand format était réservé aux *histoires*. Le recueil des poésies de Martial devait donc être écrit dans un petit format qui n'exigeait que peu de papier, ce qui explique comment il pouvait être vendu à un prix aussi peu élevé.

---

[1] C'était aussi au Forum de César qu'habitaient plusieurs libraires, entre autres les Sosie, ces libraires-éditeurs d'Horace, qui faisaient aussi le commerce d'exportation, particulièrement des livres passés de mode et *bons pour les colonies*, comme nous dirions aujourd'hui. — *Hic et mare transit — aut fugies Uticam, et vinctus mitteris Ilerdam.*

[2] *Origines*, l. vı, ch. xıı, p. 197, éd. *Otto*, coll. Lindemann : « *Quædam genera librorum apud gentiles* certis modulis *conficiebantur* : breviore forma CARMINA *atque* EPISTOLÆ; *at vero* HISTORIÆ majore modulo *scribebantur.* »

Du moment où nous pouvons apprécier ce que coûtait la fabrication des livres, et quelle était leur dimension, il reste à connaître quel était le prix payé aux scribes par page ou par *cent de vers*, afin de mieux calculer la valeur que pouvait avoir le papier.

S'il n'y a point d'exagération poétique dans ce que nous dit Martial, les copistes, à Rome, écrivaient avec une telle célérité, que, pour son second livre qui forme 22 pages dans l'édition d'Alde, et qui contient plus de cinq cents vers, il ne leur fallait qu'une heure pour les transcrire. M. Géraud, dans son excellent *Essai sur les livres*, fait à ce sujet le calcul suivant :

« Admettons que le poète exagère, et, au lieu d'une heure, mettons quatre heures pour copier les cinq cent quarante vers qui composent ce second livre; supposons de plus que, dans l'atelier du libraire, cinq copistes sous la dictée d'un lecteur soient occupés à transcrire le second livre de Martial, et qu'ils travaillent huit heures par jour, ils auront fait dix exemplaires chaque jour, et trois cents exemplaires en un mois [1]. » (P. 204.)

Peut-être pourrez-vous découvrir quelque document qui éclairera mieux la question importante du prix des livres dans l'antiquité; je m'en rapporte à cet égard à votre science et à votre sagacité si généralement appréciées.

Mais dans les calculs il faut, pour établir la comparaison avec les prix actuels, tenir compte de ce que les écrits n'étaient grevés d'aucun droit de propriété littéraire; ce droit si légitime, récemment protégé par une forte et persévérante volonté qui l'a fait introduire dans le droit des nations, est une invention toute récente. Aucune indication, concernant ce droit, n'a pu être découverte ni dans la législation grecque ni dans la législation romaine, ni même dans les écrits des auteurs anciens. « Les vers, nous dit Tacite, ne conduisent ni aux honneurs ni à la fortune; le seul bien qu'ils procurent est un plaisir fugitif, et des louanges frivoles et stériles [2]. »

C'était donc aux princes, c'était aux grands à rémunérer les poètes, et si cette dette fut souvent acquittée généreusement par eux, plus souvent encore le mérite fut méconnu. Il est pénible de voir que pour obtenir une tunique, puis un manteau, Martial soit obligé de les faire solliciter par sa muse aussi humblement que le grand Corneille, adressant au financier Montoron sa supplique, dans la dédicace en tête de *Cinna !*

Aussi quelquefois les poètes, dans leur indignation contre leur sort misérable, laissaient échapper de leur cœur indigné, aussi bien dans l'antiquité

---

[1] Les cent dix-neuf épigrammes de Martial formant son premier livre ont 830 vers faisant cinquante-deux pages dans l'édition d'Alde (format in-12), et le treizième livre a 274 vers qui forment douze pages dans la même édition.

[2] Tacite, *Dialogue des Orateurs*, chap. ix.

que dans les temps modernes, des plaintes énergiques et généreuses, telles entre autres sont celles de Théocrite dans sa belle idylle intitulée les *Grâces*, où, par leur intercession et celle des Muses, ce grand poète, tout en promettant une gloire immortelle à Hiéron, sollicite un bienveillant appui de son pouvoir royal.

Quoique vous connaissiez aussi bien que moi, dans l'original, cette noble supplique, permettez-moi de vous en rappeler quelques passages que mon père a traduits avec une rigoureuse fidélité, d'autres diront avec talent :

> Les Poètes sacrés, les filles de Mémoire,
> Des Héros et des Dieux éternisent la gloire.
> Nous chantons sur la terre, ainsi que vous aux cieux,
> Nous, mortels, les mortels ; vous, déesses, les dieux.
>
> Mais est-il un seul homme éclairé par l'aurore,
> Un seul qui sous son toit daigne accueillir encore,
> Que dis-je ? ne s'empresse à renvoyer, sans don,
> Les Grâces, que je vois dans ma triste maison
> Rentrer, me reprochant leur stérile requête ?

Alors le poète s'écrie :

> . . . . . . Ah ! dans ce siècle étrange,
> Quel mortel sait priser les beaux vers, la louange ?
> Partout l'amour du beau cède à l'amour du gain.

Voici la réponse qu'on faisait alors aux auteurs pour motiver un refus :

> . . . . . Le ciel assiste les poètes !
> Qu'importe des neuf sœurs les nouveaux interprètes ?
> Homère seul suffit, c'est lui qui chante bien !
> C'est le plus grand poète ! il ne demande rien.

Dans son indignation, Théocrite adresse ces reproches aux avares et aux riches sans générosité :

> Insensés ! à quoi bon cet amas d'or ? Le sage
> Sait d'un noble trésor faire un plus digne usage ;
> Les dons qu'il fait aux siens accroissent son bonheur
> Il sait jouir, il sait offrir avec honneur,
> Aux enfants d'Apollon de généreux services.

S'adressant aux âmes nobles, sensibles à l'idée de *ne laisser aucun nom, et mourir tout entiers*, il leur dit ce qu'Horace répétera plus tard en vers dignes de Théocrite :

> Vous, honorez surtout, honorez les poètes ;
> Eux seuls feront au Styx révérer votre nom :
> Ou sans gloire, inconnus sur le triste Achéron,

Vous irez tous gémir, comme ce mercenaire,
Pleurant sa pauvreté fatale, héréditaire,
Et regardant ses mains que durcit en tout temps
Le bois dur et noueux de ses hoyaux pesants.

En vain d'Antiochus le luxe asiatique,
Et du prince Alevas le palais magnifique,
Nourrissaient chaque mois des esclaves nombreux ;
En vain Scopas a pu, sans fin, voir sous ses yeux
Ses troupeaux mugissants retourner aux étables ;
En vain près de Cranon des brebis innombrables
Couvraient de Créondas les champs hospitaliers ;
Tous à leurs successeurs laissant leurs biens entiers,
Pouvaient-ils en jouir, quand la barque fatale
Les portait tour à tour à la rive infernale ?
Dans la foule des morts sans gloire enseveli,
Chacun d'eux eût compté de longs siècles d'oubli,
Si le chantre de Cos, dans un divin délire,
N'avait su, variant les cordes de sa lyre,
Les élever au rang des mortels illustrés ;
De leurs coursiers, vainqueurs dans les combats sacrés,
Le nom même fameux vivra dans la mémoire.

Des chefs des Lyciens, qui connaîtrait la gloire ?
Les fils d'Hécube, au front de longs cheveux orné ?
Qui connaîtrait Cycnus au teint efféminé,
Si la Muse, honorant les héros du vieil âge,
Dans des vers immortels n'eût chanté leur courage.

Ulysse, qui dix ans erra dans l'univers,
Qui, descendu vivant dans le fond des enfers,
Sut fuir l'antre sanglant de l'affreux Polyphème,
D'une gloire éternelle eût-il joui lui-même ?
Ah ! le pasteur Eumée, avec Philétius,
Et Laërte au grand cœur seraient tous inconnus,
Si le chantre divin des rives d'Ionie,
N'eût prodigué pour eux sa pompeuse harmonie.

Oui, les fils d'Apollon, seuls, honorant les morts,
Dont l'avide héritier consume les trésors,
Savent les rappeler des gouffres du Tartare.
Mais que dis-je ? Vouloir attendrir un avare,
C'est espérer blanchir l'ardoise au fond des eaux,
C'est prétendre compter le nombre de ces flots
Qui, poussés par les vents, se brisent sur le sable.
Ah ! qu'il couve son or ! puisse le misérable,
De ses immenses biens se gorgeant à loisir,
Voir sa richesse même accroître son désir !
A ses coursiers nombreux, à ses chars magnifiques,

> Je préfère et l'estime et la faveur publiques.
> Mais quel homme à vos chants trouvera des douceurs,
> Muses, où le chercher ? Oh ! combien, doctes sœurs,
> Le chemin du poète est rude, impraticable !....

Le poète, après avoir prédit et célébré la gloire d'Hiéron, termine ainsi noblement sa requête en s'adressant aux Grâces :

> Oui, si quelqu'un m'invite et sait m'apprécier,
> Sa maison des neuf sœurs sera le docte asile!
> Mais il faut qu'on m'appelle, ou je reste immobile !
> Ne me quittez jamais, Grâces, aimables sœurs!
> Sans vous, quels biens à l'homme offriraient des douceurs?

La fable de Simonide, préservé par les dieux, nous fournit la preuve que l'ingratitude du métier d'auteur remonte à une haute antiquité, et qu'aux dieux était laissé le soin de rémunérer les disciples des Muses.

Toutefois, il ne serait pas impossible que des écrivains de grand renom tels qu'Horace et Virgile aient reçu quelque rétribution des libraires pour leurs poésies, dont le débit était rapide et considérable, et qui bientôt passèrent au rang de livres classiques, comme le prouvent ces vers de Juvénal, où il les représente usés et effacés sous les doigts des écoliers et tout noircis par la fumée de leurs lampes :

> . . . Quum totus decolor esset
> Flaccus, et hæreret nigro fuligo Maroni.

Mais si aucune loi ne paraît s'être opposée à la libre reproduction des écrits par les scribes et les libraires, du moins l'avantage d'être le premier à les publier devait être fort recherché des éditeurs, et cette préférence a pu être acquise par quelque rémunération pécuniaire. Il est présumable que les frères Sosie, ces grands libraires, qui faisaient aussi le commerce d'exportation, avaient obtenu d'Horace la préférence pour la publication de ses œuvres, dont ils auraient eu l'honneur d'être les premiers éditeurs; c'est du moins d'eux seuls que parle Horace en deux endroits de ses écrits.

J'appelle donc, Monsieur et ami, toute votre attention sur cette question dont je sais que vous vous occupez.

Mais, pour revenir à ce qui concerne le papier, une preuve évidente de son usage général et toujours croissant résulte de cette longue énumération des dons de tout genre que fit Constantin le Grand à la basilique de Saint-Pierre et à celle de Saint-Paul, où l'on voit figurer le papier de papyrus dans une proportion très notable, tandis qu'il n'est fait aucune mention de dons semblables soit en *vélin*, soit en *parchemin*. C'est par *mains*, et si je ne me trompe, c'est même aussi par *rames* que chacune de ces offrandes en papier figure dans l'état dressé par Anastase le Bibliothécaire; état curieux par le nombre et la variété des dons qui y sont énumérés[1]. On y voit aussi que la main de papier, *scapus*, qui du temps de Pline était de vingt feuilles, n'était plus, 326 ans après Jésus-Christ, que de dix feuilles, ainsi que l'indique le mot *cartadecadas*, répété cinq fois dans cet inventaire [2].

Quant au mot *racana*, indiquant la réunion d'un certain nombre de feuilles de papier, j'y crois voir l'origine du mot *rame* de papier. Mais de combien de feuilles se composait alors le paquet nommé *racana*, c'est ce que j'ignore. Dans cet inventaire, on voit cependant que les *racanæ* étaient formées soit de cinq cents, soit de mille feuilles, et c'est aussi de cinq cents feuilles que sont composées nos rames; il n'y a d'exception que pour ce papier si fin et si léger, fabriqué dans l'Auvergne et connu sous le nom de *papier serpente* [3] dont les rames sont composées de mille feuilles.

La fabrication et l'exportation d'Égypte du papier de papyrus se soutint jusqu'à l'introduction par les Arabes du papier de coton, fabriqué d'abord à Damas, ainsi que l'indique son nom de *charta Damascena, bambacina* ou *bombycina* et *cuttanea*. Alors s'établit une lutte entre le papier fabriqué avec le coton et le papier fait avec le papyrus; cette lutte cessa par l'anéantissement de l'un et de l'autre lorsqu'au XIIe siècle [4] on découvrit le moyen de fabriquer le papier avec les rebuts de chanvre et de lin broyés et réduits en pâte. Le prix de ce nouveau papier si supérieur aux précédents fut d'abord très élevé, puisque nous voyons les premières impressions (de 1457 à 1470) exécutées plutôt sur vélin que sur papier. Mais

---

[1] On y voit figurer des dons en amiante.

[2] *Vitæ pontificum*, pages 15 et 16, deuxième partie, édition *Fabroti*. Paris, Impr. roy., **1649**.

Voici, à divers endroits de cet inventaire, l'énumération des *mains* de papier et des *rames* :

A l'église Saint-Pierre : 1º *Cartadecadas* 150; — 2º *Cartadecadas* 300; — 3º *Cartadecadas* 400; — 4º *Papiri* RACANAS *mundas* 1,000 ; — *Cartadecadas* 200.

A l'église Saint-Paul : *Papiri mundi* RACANAS 500.

C'est par erreur que Fabroti, d'après Muratori, a dans ce passage écrit *rucanas*. Tous les manuscrits d'Anastase, que j'ai consultés à la Bibliothèque du roi, portent *racanas*. Ces manuscrits sont d'une haute antiquité; sept d'entre eux contiennent la vie du pape saint Silvestre qui obtint ces dons de Constantin.

[3] Du Cange, dans son *Glossarium mediæ et infimæ latinitatis*, après avoir expliqué le mot *racana* par *haillons*, et le mot *cartadecadas* par un paquet de dix feuilles de papier, cite ailleurs le passage d'Anastase le Bibliothécaire, *racanas papiri mundi mille* et celui de *racanas papiri mundi* 500, mais sans donner aucune explication; peut-être suppose-t-il qu'on doit entendre par le mot de RACANA des *rebuts* ou *fragments de beau papier* mis en rame de mille et de cinq cents feuilles.

Dès l'introduction du papier en France, les rames furent divisées en vingt mains de vingt-cinq feuilles chacune.

[4] Eustathe, qui vivait à cette époque, dit, dans son *Commentaire sur Homère*, qu'on avait renoncé tout récemment à la fabrication du papier avec le papyrus d'Egypte. Φ. vs. 391.

bientôt le papier, par son abondance et par la modicité de son prix, l'emporta définitivement sur le vélin qui tomba de plus en plus en désuétude.

Quelque considérable qu'ait pu être la fabrication du papier, soit en papyrus, soit en coton, elle était presque nulle si on la compare à la grande production du papier fait au XIIe siècle avec des chiffons réduits en pâte, et fabriqué, feuille à feuille, par la main de l'ouvrier, production qui fut à son tour dépassée au commencement de ce siècle dans une proportion non moindre, quand la main de l'homme céda son pénible labeur à ces merveilleuses et infatigables machines qui fabriquent le papier d'une longueur indéterminée, avec une rapidité telle, qu'au moyen des seules machines de nos papeteries de Sorel et du Mesnil, nous pourrions facilement, en moins d'une année, envelopper d'une feuille de papier de près de deux mètres de large la circonférence du globe.

Jusqu'à présent les chiffons de chanvre et de coton ont suffi aux besoins actuels de notre civilisation[1], mais comme chaque année la consommation s'accroît, il est presque certain que lorsque l'instruction publique se sera plus généralement répandue, la rareté du chiffon deviendra telle qu'on devra de nouveau recourir au bois; sur lequel on écrivait au temps de Périclès aussi bien que sur le papier, et avec plus d'économie, ainsi que l'atteste l'inscription que vous m'avez signalée, et ce que confirme le curieux passage qu'on lit dans les *Caractères* de Théophraste :

« Celui-là est d'une avarice sordide qui, lorsqu'il a remporté le prix de la tragédie, consacre à Bacchus un ruban de bois sur lequel est inscrit le nom du dieu[2]. »

Mais ce ne sera qu'après avoir fait subir au bois une transformation complète, au moyen des progrès de la chimie et de la mécanique, qu'on verra reparaître, sous la forme d'une très solide feuille de papier, les tablettes en bois employées dans l'antiquité en guise de papier[3].

---

[1] « On peut juger d'une manière presque infaillible du degré de civilisation et » d'instruction auquel une nation est parvenue, en consultant la quantité de papier » qu'elle fabrique et qu'elle consomme. » *Rapport à l'Exposition universelle de Londres, sur la papeterie et l'imprimerie.*

[2] Ταινίαν ξυλίνην. *Théophraste*, περὶ ἀνελευθερίας.

[3] Déjà depuis quelques années, nous avons fabriqué, d'après un procédé nouveau, plusieurs rames de papier avec diverses espèces de bois et autres substances, et maintenant, dans les Vosges, une papeterie paraît faire usage du bois avec quelque succès; cependant, de longs essais que nous avons faits, avec M. Mège, jeune et habile chimiste, nous ont prouvé que, dans l'état actuel des choses, la dépense qu'exigent le lessivage et le blanchiment des innombrables espèces de substances végétales provenant de la Havane, de l'Algérie et autres contrées : bananier, alfa, palmier nain, enfin une foule d'herbes et de joncs qu'on nous propose chaque jour d'expérimenter, excède ce que coûte l'emploi du chiffon. Toutefois, il est certain que si son prix augmentait, ces substances viendraient par leur concurrence rétablir l'équilibre, car par lui-même le chiffon n'a de valeur que celle que lui donne son application au papier.

Aujourd'hui je lis dans les journaux qu'en Écosse (à Glasgow), un marbrier vient de trouver le moyen de faire du papier avec de la pierre ! Ainsi donc le marbre des inscriptions se transformerait aussi en papier ! Je sais que notre siècle est celui des métamorphoses, mais celle-ci me semble un peu fabuleuse. Attendons toutefois ; à voir chaque jour tant de merveilles s'opérer sous nos yeux, il est permis d'être crédule.

Je clos ici ma réponse déjà trop étendue ; je craindrais de fatiguer plus longtemps et la patience du lecteur et la vôtre.

Veuillez donc, Monsieur et ami, agréer l'assurance de mon dévouement, et à vous et à tout ce qui concerne l'art que j'exerce.

AMBROISE-FIRMIN DIDOT.

Paris, 7 septembre 1856.